Friedrich Delius

Taufsprüche

ausgewählt und erklärt

Agentur des Rauhen Hauses Hamburg

Inhalt

Sie suchen einen Taufspruch

Sie sind auf der Suche nach einem Taufspruch. Für Ihr Kind? Für Ihr Patenkind? Für sich selbst?
Der Taufspruch ist ein Satz der Bibel, der den Getauften auf seinem Weg ins Christsein hinein begleiten soll und ihm das Versprechen Gottes, das er in der Taufe erhält, immer wieder in Erinnerung rufen soll.
Denn die Taufe ist ein Anfang – nicht Gottes Anfang mit uns; denn Gottes Liebe und Barmherzigkeit gilt auch den Ungetauften; wohl aber der Anfang unserer Antwort auf Gottes JA zu uns. Deshalb braucht man bei der Taufe auch den menschlichen Glauben. Den Glauben des Erwachsenen, der bei seiner eigenen Taufe seinen Glauben vor und mit der Gemeinde bekennen wird und der das Versprechen ablegt, in diesem Glauben zu bleiben und zu wachsen mit Gottes Hilfe.
Bei der Kindertaufe braucht es den Glauben der Eltern und Paten, die die Verpflichtung übernehmen, ihrem Kind und Patenkind das Geschenk Gottes zu erklären, den Glauben vorzuleben, für das Kind und Patenkind zu beten.
Dieses Büchlein möchte Ihnen bei der Suche nach dem Taufspruch helfen, kann aber das Lesen in der Bibel selbst nicht ersetzen.
Dieses Büchlein möchte Ihnen zugleich einige Fragen, die Sie vielleicht zur Taufe haben, beantworten und Ihnen helfen, über die Bedeutung und die Folgen der Taufe nachzudenken.
Denn Taufe ist ein Anfang: der Anfang unseres Weges unter Gottes Geleit zu seinem ewigen Leben.

Wenn Sie Fragen haben: Ein kleines Tauf-ABC

Anmeldung
Die Anmeldung zur Taufe sollten Sie möglichst frühzeitig bei Ihrem zuständigen Gemeindebüro oder direkt beim Pastor vornehmen. Dann kann der genaue Termin rechtzeitig abgesprochen werden, und es besteht die Möglichkeit zu einem Taufgespräch zwischen Pastor, Eltern und Paten.

Baptizein
In der griechischen Sprache – in der das Neue Testament geschrieben ist – heißt „taufen" baptizein. Deshalb gibt es viele Worte, die mit diesen Buchstaben anfangen und etwas mit der Taufe zu tun haben: Baptisten (Taufgemeinde), Baptisterion (Taufkapelle oder Taufstein); Johann Baptist ist deshalb „Johannes der Täufer".

Geburtsurkunde
Vor der Taufe eines Kindes ist in der Regel bei der Anmeldung eine Geburtsurkunde vorzulegen. Am besten nehmen Sie zur Anmeldung einer Taufe das ganze Stammbuch mit, damit gegebenenfalls auch die anderen notwendigen Urkunden (Taufe, Konfirmation, Trauung der Eltern) zur Hand sind, wenn diese verlangt werden sollten.

Haustaufe
In besonderen Fällen findet eine Tauffeier nicht in der Kirche in einem Gottesdienst statt, sondern als häusliche Feier – so zum Beispiel bei einer Erkrankung der Mutter oder des Kindes.
Eine Haustaufe sollte aber die Ausnahme sein, denn die Taufe bedeutet die Aufnahme in die Gemeinschaft der Kirche und sollte in der Regel auch im Gottesdienst stattfinden (vgl. Kirchenmitgliedschaft).
Eine Haustaufe wird im nächsten Gottesdienst der Gemeinde abgekündigt.

Jähtaufe
Kann die Taufe nicht innerhalb eines normalen Gottesdienstes vollzogen werden, weil sich der Täufling in Lebensgefahr befindet – zum Beispiel bei einem neugeborenen Kind –, so kann ein Pastor eine Jähtaufe zu jeder Zeit an jedem Ort vollziehen (vgl. Nottaufe).

Kirchenevangelium
Der Bericht des Evangelisten Markus, in dem Jesus die Kinder zu sich ruft, sie segnet und ihnen das Reich Gottes verheißt (Markus 10, 13-16).

Kirchenmitgliedschaft
Die Taufe hat auch eine rechtliche Folge. Da nach dem christlichen Glaubensbekenntnis unser Glaube immer der Gemeinschaft mit anderen Christen bedarf – das Glaubensbekenntnis spricht von der „Gemeinschaft der Heiligen", die Gott selbst durch sein Wort und unseren Glauben schafft –, bedeutet die Taufe auch die Aufnahme in die Gemeinschaft der Kirche und der Gemeinde. Sollte ein Getaufter die Gemeinschaft der Kirche verlassen, so bleibt seine Taufe dennoch gültig, denn die Taufe ist ja Gottes Angebot und Geschenk – das können wir Menschen auch durch unser falsches Tun oder Lassen nicht ungültig oder unwirksam machen. Wir können es höchstens vergessen, verachten, ablehnen, unbenutzt lassen.
Während alle Kirchen für die Paten die Mitgliedschaft in einer christlichen Kirche zur Übernahme dieses kirchlichen Amtes voraussetzen, sind die Bestimmungen über die

Notwendigkeit einer Kirchenmitgliedschaft (und manchmal auch die Konfirmation) der Eltern als Voraussetzung für die Taufe eines Kindes in verschiedenen Kirchen unterschiedlich geregelt. Sie sollten sich rechtzeitig mit ihrem Pastor in Verbindung setzen, wenn es Probleme geben könnte.

Konfirmation
Bei der Konfirmation spricht der Jugendliche, der als Kind getauft wurde und damals nicht selbst seinen Glauben bekennen konnte, sein eigenes JA zur Taufe. Im Konfirmandenunterricht – der eine Art „nachgeholter Taufunterricht" ist – lernen die Konfirmanden die Bedeutung ihrer Taufe und den Inhalt des christlichen Glaubens kennen. Danach können sie ihrerseits die Verantwortung für die christliche Erziehung eines Neu-Getauften übernehmen: Mit der Konfirmation wird das Patenrecht verliehen.

Namensgebung
In manchen Gemeinden fragt der Pastor bei der Taufe, wie das Kind heißt. Daraus darf man aber nicht folgern, dass die Taufe mit der Namensgebung etwas zu tun hat; das Kind hat seinen Namen ja schon bei der Anmeldung auf dem Standesamt bekommen. Die Frage nach dem Namen stammt aus der Zeit, als der Pastor zugleich Standesbeamter war und das Taufregister auch das Standesamtsregister.
Wenn dieser Brauch bis heute mancherorts beibehalten wird, so deshalb, weil bei der Taufe der Name des Täuflings vor Gott genannt wird, weil Gottes Verheißung und Zuspruch diesem speziellen Menschen gilt; weil Gott dieses Kind „bei seinem Namen" ruft und seinen Namen „ins Buch des Lebens" einträgt.

Nottaufe
Bei akuter Todesgefahr für einen Ungetauften kann jeder getaufte Christ ohne besondere Formalitäten eine Nottaufe vollziehen. Einzige Bedingung ist, dass die Taufe auf den Namen Gottes des Vaters, des Sohnes und des Heiligen Geistes und, wenn irgend möglich, mit Wasser vollzogen wird. Eine „Anweisung zur Vornahme der Nottaufe" ist in den meisten Gesangbüchern zu finden. Die Nottaufe soll im zuständigen Pfarramt gemeldet und dort ins Taufregister eingetragen werden.
Wird bei Lebensgefahr ein Pastor zur Taufe geholt, spricht man von einer Jähtaufe.

Paten
Der Pate (Abkürzung für lateinisch „Pater spiritualis" = „Geistlicher Vater") übernimmt im Auftrag Gottes und seiner Kirche die Mitverantwortung für die christliche Erziehung eines Kindes.

Patenschein
In vielen Gemeinden müssen Paten, die aus einer anderen Gemeinde kommen, einen Patenschein vorlegen. Das ist die Bestätigung ihrer Wohnsitzgemeinde, dass sie Mitglied und im Besitz des „Patenrechtes" sind, d. h., dass sie konfirmiert sind und Pate werden können.

Segen
Im Segen verspricht Gott selbst den Menschen, die zu ihm gehören, bei ihnen zu sein, sie zu schützen, zu bewahren, ihnen sein ewiges Leben zu schenken.

Segnung der Mutter
In manchen Gemeinden wird im Rahmen der Taufe eines Kindes die Mutter in besonderer Weise gesegnet. Dies ist ein Zeichen des Dankes, dass Gott die Mutter in der Gefahr, die die Geburt eines Kindes (auch heute noch) für die Mutter bedeutet, bewahrt hat.

Taufbefehl
Die letzten Worte Jesu zu seinen Jüngern nach dem Bericht des Matthäus-Evangeliums (Matthäus 28,16-20).

Tauffrage
Die Fragen, die bei der Taufe an Eltern und Paten gestellt werden. Mit der Beantwortung der Tauffragen übernehmen die Eltern und Paten vor Gott und der Gemeinde die Verantwortung für die christliche Erziehung des Täuflings.

Taufkerze
In manchen Gemeinden wird bei der Taufe eine Taufkerze überreicht, die an der Os-

terkerze entzündet wird. Diese Kerze soll deutlich machen, dass in der Taufe die Auferstehung Jesu auch für diesen Täufling gilt: Das Licht von Ostern soll auch ihn durch sein Leben und seinen Tod begleiten und ihm leuchten.

Taufkleid
Viele Familien haben besonders schöne, alte Taufkleider für ihre Täuflinge. Jedes Familienmitglied trägt dieses Taufkleid bei seiner Taufe: ein Zeichen, dass wir durch die Taufe in die „Familie Gottes“ aufgenommen werden.

Taufregister
Jede Gemeinde führt ein Register, in dem alle Taufen, die dort vollzogen werden, eingetragen sind. Sollte eine Taufurkunde verloren gehen, kann bei der Gemeinde, in der getauft wurde, ein „Auszug aus dem Taufregister“ angefordert werden.
In der katholischen Kirche werden im Register der Taufgemeinde auch alle anderen Amtshandlungen (Firmung, Trauung u. Ä.) eingetragen – sie sind also alle an die Taufgemeinde zu melden.

Taufspruch
Ein Spruch der Bibel, der dem Täufling bei der Taufe zugesprochen wird. Er soll den Neu-Getauften durch sein Leben als Christ begleiten. Achten Sie darauf, dass der Taufspruch auch auf der Taufurkunde vermerkt wird, damit er nicht in Vergessenheit gerät. Eine Hilfe zur Auswahl eines Taufspruchs will dieses Büchlein bieten.

„Umtaufen“
Auch wenn man dieses Wort immer wieder hört: Ein „Umtaufen“ gibt es nicht, weil nach dem Bekenntnis aller christlichen Kirchen die Taufe eine einmalige Angelegenheit ist und Gott sein „Taufgeschenk“ auch nur einmal macht.
Hinter den Berichten von einem „Umtaufen“ steckt etwas anderes: Wenn begründete Zweifel bestehen, dass ein Mensch „gültig“ getauft ist, so gibt es eine „Taufe mit Vorbehalt“. Diese Taufe wird vollzogen unter dem Vorbehalt, dass sie nur gültig ist, wenn eine andere Taufe nicht gültig vollzogen worden ist. Da der Taufvollzug in den Kirchen zum Teil unterschiedlich ist (Untertauchen im Wasser, Übergießen mit Wasser, Besprengen), kann bei einem Wechsel der Kirche oder Konfession als eine Ausnahme also eine solche „Taufe mit Vorbehalt“ erfolgen.

Wasser
Das Wasser ist das sichtbare Zeichen der Taufe, in dem Gott uns seine Gegenwart erfahren lassen will. Doch „Wasser allein tut's freilich nicht“, deshalb gehören zur Taufe auch das Wort der göttlichen Verheißung und unser menschlicher Glaube, der die Verheißung annimmt.

Sie möchten mehr über die Taufe erfahren

Die Taufe

Die Taufe ist das Sakrament, das alle Christen miteinander verbindet. Mag es auch unterschiedliche Auslegungen zum Abendmahl geben, mag auch die Zahl der Sakramente unterschiedlich sein – die Taufe ist wirksames Zeichen der Zuwendung Gottes über die Grenzen von Konfessionen hinweg. Denn Jesus selbst hat seinen Jüngern den Auftrag zur Taufe gegeben. Deshalb wird in fast jedem Taufgottesdienst der Taufbefehl Jesu verlesen, wie er im Matthäus-Evangelium überliefert ist: „Mir ist gegeben alle Gewalt im Himmel und auf Erden. Darum gehet hin und machet zu Jüngern alle Völker: Taufet sie auf den Namen des Vaters und des Sohnes und des heiligen Geistes und lehret sie halten alles, was ich euch befohlen habe. Und siehe ich bin bei euch alle Tage bis an der Welt Ende." (Matthäus 28,18-20)
Im Matthäus-Evangelium sind dies die letzten Worte, die der Auferstandene zu seinen Jüngern spricht. Sein Erbe und Vermächtnis haben die Christen bis heute bewahrt.
Es ist ein einfaches Zeichen, das Jesus seinen Jüngern hinterlassen hat; allerdings hat es auch in diesem Zeichen leichte Veränderungen im Verlauf der Geschichte gegeben. Ursprünglich war die Taufe eine „Tauche". Jesus selbst lässt sich von Johannes dem Täufer durch Untertauchen im Jordan taufen. Und auch die Christen haben die Taufe ursprünglich durch Untertauchen vollzogen. Bis heute kann man in alten Kirchen noch die großen, tiefen Taufbecken aus Stein oder Bronze sehen, in denen die kleinen Kinder untergetaucht wurden. Bis heute wird in den orthodoxen Kirchen Osteuropas und bei den Baptisten der Täufling untergetaucht.
Das völlige Untertauchen macht sicherlich deutlicher, welche Bedeutungen das Zeichen der Taufe hat.

Die Reinigung

In vielen Religionen gibt es Riten, in denen sich Menschen – vor dem Betreten des Tempels oder der Moschee – reinigen. Auch die Juden kannten zur Zeit Jesu solche Waschungen. Alles, was schmutzig ist draussen in der Welt, soll vor der Türe bleiben, wenn der Mensch vor den heiligen Gott tritt. Johannes der Täufer nimmt diesen Ritus auf; erweitert ihn aber: Johannes der Täufer war in der Wüste und predigte die Taufe der Buße zur Vergebung der Sünden (Markus 1,4). Johannes vollzieht die Taufe am Rande der Wüste am Ufer des Jordans. Wer zu

ihm kommt, muss weit durch die Wüste Judäas gehen. Die Wüste gilt im Alten Testament als Ort der Gottferne. Außerdem wird der Wanderer in der Wüste staubig, schmutzig und durstig.
Nun steigt er mit Johannes ins Wasser des Jordans hinab. Da wird all das abgewaschen, was sich an Staub und Schmutz angesammelt hat. Das Wasser erfrischt und gibt „neues Leben“. Johannes macht dadurch deutlich: Alles, was euch in eurem Leben von Gott getrennt hat, alles Böse, Hässliche, Schlimme soll weggespült werden; es gilt nicht mehr, ihr könnt neu anfangen mit Gott. Zu ihm könnt und sollt ihr umkehren. Er will euch neues Leben geben. Auch Jesus kommt zu Johannes und unterzieht sich der Taufe. Auch sein Leben soll hier neu anfangen – wie das der anderen Menschen. Jesus macht sich uns gleich, indem er in die Taufe eintaucht. Jesus macht sich uns gleich, indem er uns das Zeichen der Taufe weitergibt.
Was gewesen ist, gilt nicht mehr, wird abgewaschen, schwimmt davon. Ein neuer, gestärkter, erquickter Mensch taucht aus Gottes Gabe des frischen Wassers auf.

Die Adoption

In der Taufe Jesu wird zugleich aber auch eine andere Bedeutung des Taufzeichens sichtbar. Bei Markus heißt es: Und alsbald, als Jesus aus dem Wasser stieg, sah er, dass sich der Himmel auftat und der Geist wie eine Taube herabkam auf ihn. Und da sprach eine Stimme vom Himmel: „Du bist mein lieber Sohn, an dir habe ich Wohlgefallen.“ (Markus 1,10-13)
Dreierlei widerfährt Jesus: der offene Himmel, der Geist, die Stimme. Der Himmel ist Gottes Wohnung; von Gott heißt es, dass er im Himmel thront und dass der Himmel und aller Himmel ihn nicht zu fassen vermögen; in einem Licht wohnt er, da niemand zukommen kann – doch nun „tut sich der Himmel auf“, der Zugang zu Gott ist frei. Jesus kann eintreten in Gottes Reich und Wohnung.
Der Geist Gottes schwebt herab, nimmt Platz in ihm. Nun ist es nicht mehr der Geist des Menschen Jesus von Nazareth, der in ihm denkt, der aus ihm spricht, der durch ihn handelt. Von nun an wird er Gottes Gedanken denken, Gottes Worte sprechen, Gottes Taten tun.
Die Stimme vom Himmel, Gottes eigene Stimme, spricht ihm die Sohnschaft zu: Du bist mein lieber Sohn.
Markus, der erste und älteste der vier Evangelisten, der keinen Bericht von der Geburt Jesu Christi kennt, lässt es in diesen wenigen Sätzen geschehen: Aus Jesus von Nazareth, dem ganzen Menschen, wird durch Gottes Wort und Tun in der Taufe Jesus Christus, der Sohn Gottes.
Seither gilt es für uns Menschen nach dem Geheiß Jesu:
Durch die Taufe werden wir zu seinen Jüngern und zu Gottes Kindern gemacht, neue Menschen, neu geboren durch das Wasser und den Heiligen Geist.
Und noch ein großes Geschenk steckt in dieser Bedeutung der Taufe: Indem wir Gottes Kinder werden, bekommen wir

in dieser Welt eine ganze Reihe neuer „Geschwister". Die Taufe gliedert uns in die Gemeinschaft der Menschen ein, die zu Jesus Christus gehören – und genau diese Gemeinschaft bezeichnet das Wort „Kirche" im Neuen Testament.
Wie es in einer Familie so ist: Nicht jeder versteht sich mit jedem. Manchmal kann einem die Familie auch auf die Nerven gehen. Genauso geht es mit der Kirche: Mancher, der zu uns gehört, wird uns nicht sympathisch sein; manchmal ist auch die ganze Kirche kaum noch auszuhalten. Aber trotzdem ist sie notwendig und unverzichtbar. Denn nur in der Gemeinschaft untereinander können wir auch die Gemeinschaft mit Gott haben und verwirklichen.

Tod und Auferstehung

Eine dritte Bedeutung hat das Zeichen der Taufe, das Eintauchen in das Wasser und das Wiederauftauchen. Der Apostel Paulus schreibt an die Christen in Rom: „Wisst ihr nicht, dass alle, die wir auf Christus Jesus getauft sind, die sind in seinen Tod getauft? So sind wir ja mit ihm begraben durch die Taufe in den Tod, damit, wie Christus auferweckt ist von den Toten durch die Herrlichkeit des Vaters, auch wir in einem neuen Leben wandeln." (Römer 6,3-4)
Da wird das Wasser der Taufe zur großen, tödlichen Flut, die den Menschen bedroht, die – mit den Worten Martin Luthers – „den alten Adam ersäuft". So wie in der Sintflut des Alten Testaments die Menschheit unterging in der Flut ihrer Schuld, so wie der Prophet Jona hinabsank in die tödliche Tiefe des Meeres, so geht der „alte Mensch" unter in der Taufe.
Doch er bleibt ja nicht „in der Taufe", er steigt wieder heraus, von Gott gerufen: Jenseits des Todes wartet auf das Kind Gottes das neue Leben, das ewiges Leben heißt.
„Ich bin die Auferstehung und das Leben. Wer an mich glaubt, der wird leben, auch wenn er stirbt; und wer da lebt und glaubt an mich, der wird nimmermehr sterben." (Johannes 11,25-26)

Wasser und Wort

„Wasser allein tut's freilich nicht", schreibt Martin Luther in seinem Kleinen Kathechismus, „sondern das Wort Gottes, so mit und bei dem Wasser ist, und der Glaube, so solchem Worte Gottes im Wasser trauet."
Bei jedem Vollzug einer Taufe bedarf es also aller drei: des Wassers, des Wortes Gottes und des Glaubens. Das Wasser als sichtbares, fühlbares Zeichen, das Gott uns Menschen selbst aufgetragen hat. Er will sich binden an dieses alltägliche, allgegenwärtige Lebenselement des Wassers. Wo dieses Wasser in seinem Namen über einen Menschen gegossen wird, da ist er.
Da ist er auch mit seinem Wort, das das Zeichen des Wassers deutet, das die

Verheißung des Lebens in sich trägt, das Leben zusagt, das selbst Leben schafft. Doch wie jedes Geschenk will auch die Taufe angenommen sein. Deshalb bedarf es unseres – menschlichen, schwachen – Glaubens. Dieser Glaube, Gottes eigenes Geschenk, lässt uns das Leben ergreifen.

Erwachsenen- oder Kindertaufe?

Gerade an der Frage des Glaubens hat sich in der Geschichte der Kirche immer wieder der Streit entzündet, ob es richtig sei, auch Kinder zu taufen. Ursprünglich ist es sicherlich so gewesen, dass die ersten Christen nur Erwachsene getauft haben. Sie selbst waren Erwachsene; sie haben mit ihren Freunden, Bekannten, Nachbarn über ihren Glauben gesprochen, haben erzählt von ihren Erlebnissen mit Jesus. Sie haben bekannt, dass dieser Jesus für ihren Glauben der Messias, von Gott gesandt, sei, der ewiges Leben in diese Welt gebracht habe. Und solch ein Gespräch mag dann oft in der Frage des Heiden geendet haben: „Was hindert's, dass ich mich taufen lasse?“ (Apostelgeschichte 8,36).
Doch schon bald hat es in den christlichen Gemeinden wohl auch die Praxis der Kindertaufe gegeben. Die Kindersterblichkeit war hoch; viele Kinder erlebten nicht einmal den ersten oder zweiten Geburtstag. Mag da nicht den Eltern recht bald die Frage gekommen sein, ob denn nicht das Geschenk des ewigen Lebens Kindern ebenso gelte wie Erwachsenen? Hat nicht Jesus selbst die Kinder zu sich gerufen, sie gesegnet, ihnen das Reich Gottes verheißen? (Markus 10,13-16).
Aber können Kinder glauben? Sicherlich nicht in dem Sinne, in dem Erwachsene über Gott „Bescheid wissen“ können. Aber ist „Bescheid wissen“ wirklich auch Glaube? Hat Glaube wirklich in erster Linie mit dem Kopf, dem Verstand zu tun? Oder ist er nicht tatsächlich das kindliche Vertrauen, das sich auf das Wort der Eltern verlässt?
Und wenn der Glaube uns die Möglichkeit gibt, das Geschenk der Taufe anzunehmen, was ist dann das Erste: das Geschenk oder die Annahme? Selbstverständlich das Geschenk.
Ein Kind in meiner Bekanntschaft bekam von seinem Patenonkel zur Taufe einen Ausbildungsvertrag geschenkt. Natürlich konnte das Baby noch nichts damit anfangen. Doch inzwischen ist es ein junger Mann geworden, der – mit der Hilfe dieses Vertrages – gerade sein Studium abschließt. Ein einfaches Beispiel, aber für mich doch überzeugend.

Die Eltern

Allerdings macht das Beispiel vom Ausbildungsvertrag auch etwas anderes deutlich: Die Kindertaufe stellt die Frage nach dem Glauben der Eltern. Gottes Geschenk der Taufe gilt – aber das Kind braucht die Eltern, damit sie dieses Geschenk für das Kind bewahren und ihm – je nach seinen Kräften und

Fähigkeiten – beibringen, erzählen, nahebringen, welches Geschenk es in der Taufe erhalten hat.
Wenn die Eltern des Täuflings aus meiner Bekanntschaft dem Patenonkel nicht vertraut hätten, wenn sie von einer Ausbildung nichts gehalten hätten, dann hätte es geschehen können, dass die Versicherungspolice verloren geht, verlegt wird, in Vergessenheit gerät.
So ist die Kindertaufe nur dann sinnvoll, wenn die Eltern wirklich bereit sind, die „christliche Erziehung" des Kindes zu übernehmen. Sonst bleibt es bei einem leeren Ritus – das Geschenk der Taufe gerät über den Taufgeschenken in Vergessenheit.
Und eine andere wichtige Seite hat die Taufe eines Kindes für die Eltern: Gott übernimmt die Vaterschaft für dieses Kind. Gott mischt sich ein in die innersten Angelegenheiten der Familie.
Wir sprechen von „meinem Sohn", von „meiner Tochter", von „meinen Kindern".
In der Schule habe ich einmal gelernt, dass dieses Wörtchen „mein" ein „besitzanzeigendes Fürwort" genannt wird.
Sind Kinder wirklich unser „Besitz"? Auf jeden Fall nicht mehr nach der Taufe! Wenn die Taufe wirklich der Weg aus dem Leben durch den Tod in das neue, ewige, von Gott geschenkte Leben ist, in dem Gott selbst unser Vater ist, dann hören alle Besitzansprüche an unseren Kindern im Augenblick der Taufe auf.
Die Ordnung der Taufe spricht deshalb in der Frage an die Eltern auch ganz konsequent nicht von „eurem Kind", sondern von „dem Kind, das Gott euch anvertraut hat".
In der Praxis bleibt es dabei, dass Eltern weiterhin viele wichtige Entscheidungen für ihr Kind treffen müssen. Eine ganze Reihe von Entscheidungen haben sie – willentlich oder unfreiwillig – schon im Augenblick der Geburt getroffen: Augenfarbe, Nationalität, Geburtsort. All das und vieles mehr legen sie fest, für all das tragen sie auch die Verantwortung.
Doch nun, mit der Taufe, übernimmt ein anderer die letzte Verantwortung für dieses Kind: Gott selbst. Doch vertraut er sein Kind den Eltern an. Sie sollen für ihn sich dieses Kindes annehmen, sollen es für ihn und zu ihm hin erziehen. Eine große, schwere und verantwortungsvolle Aufgabe!
Aber zugleich auch eine Entlastung. Wer von uns Menschen könnte denn wirklich auf seine eigene Verantwortung die Erziehung eines Menschenkindes übernehmen? Wer von uns mag denn so sicher sein, was dieses Kind wirklich braucht, was ihm zu einem erfüllten, menschlichen sinnvollen Leben hilft?
Ich habe persönlich immer die ‚Einmischung' Gottes als eine große Befreiung erlebt.
Und er lässt mich mit dieser Aufgabe nicht allein.

Die Paten

Seit altersher gibt es bei der Taufe eines Kindes die Paten. Während heute wohl fast immer die Eltern, Freunde oder Bekannte bitten, dieses Amt an ihrem

Kind zu übernehmen, war es früher sehr oft so, dass die Gemeinde aus ihrer Mitte die Paten bestimmte – und in manchen jungen Kirchen in der Dritten Welt gibt es diese gute Übung auch heute noch.

Denn die Paten sind tatsächlich Amtsträger der Kirche.

In der Taufe übernimmt Gott die Vaterschaft an einem Menschen. Weithin übt er selbst diese Vaterschaft aus: Er erhält das Leben seines Kindes, schützt und bewahrt es. Aber Gott will – seit er in Jesus Christus selbst Mensch geworden ist – durch Menschen auf uns zukommen. Deshalb handelt er in dieser Welt an uns auch durch die Gemeinschaft von Menschen, die zu ihm gehören: durch die Kirche. Deshalb beauftragt die Kirche aus ihrer Mitte einige ihrer Glieder, in besonderer Weise Verantwortung für das getaufte Kind zu übernehmen.

Schon das Wort „Pate“ macht deutlich, welche Aufgabe sie übernehmen: Es ist die Abkürzung des lateinischen „Pater spiritualis“, auf Deutsch heißt das „Geistlicher Vater“ (oder Mutter), was auch im alten Wort „Gevatter“ steckt.

So sind denn die Paten Vater und Mutter dieses Kindes in Stellvertretung für die Vaterschaft Gottes. Sie sollen dies wahrnehmen, indem sie den Eltern bei der Erziehung des Patenkindes helfen; manches Mal werden sie aber auch Anwalt des Kindes gegenüber den Eltern sein können und sollen.

Wie kann man diese Aufgabe praktisch erfüllen? In meiner Bekanntschaft gibt es Paten, die regelmäßig – jeweils zum Tauftag des Kindes – die Eltern ihrer Patenkinder um einen Bericht bitten. Das ist sicherlich ungewöhnlich, aber doch auch sehr nützlich, denn für die Eltern bietet es die große Chance, sich einmal in Ruhe klar zu machen, welche Fortschritte, Entwicklungen und auch Fehler es in der Erziehung ihres Kindes im letzten Jahr gegeben hat. Für solch ein Verfahren bedarf es allerdings des gegenseitigen Vertrauens zwischen Eltern und Paten.

Mindestens ebenso wichtig ist es aber auch, dass die Paten sich um das Vertrauen ihres Patenkindes bemühen, nicht durch große Geschenke, sondern durch Besuche, Gespräche, dadurch, dass sie Zeit für ihr Patenkind haben. Was für eine großartige Sache, wenn ein Heranwachsender außerhalb der unmittelbaren Familie einen Erwachsenen hat, dem er vertrauen kann, der Vermittler und Anwalt bei Problemen zwischen Eltern und Kind sein kann!

Und weil die Paten ihren Auftrag von Gott und seiner Kirche haben, können und müssen sie auch noch eine andere wichtige Aufgabe für ihr Patenkind übernehmen: Sie können und sollen für dieses Kind beten! Sie sollen Gott regelmäßig Rechenschaft ablegen, wie sie ihre Aufgabe wahrgenommen haben. Und dann mag es geschehen, dass auf diesem Wege die Paten selbst wieder lernen, was das Geschenk ihrer eigenen Taufe bedeutet: einen Vater zu haben, zu dem wir alle Freuden und Schwierigkeiten bringen können.

Taufe und Konfirmation

Wer als Kind getauft wird, kann selbst nicht seinen Glauben bekennen, kann selbst nicht sagen, ob er überhaupt getauft werden will. Er kann das Geschenk Gottes weder annehmen, noch ablehnen – wie so manches andere auch, was uns die Eltern oder andere Menschen mit auf den Weg geben.

Deshalb hat die Kirche die Konfirmation angeboten. Da hat der Jugendliche, der im Laufe der Jahre erfahren hat, welche Bedeutung das Geschenk der Taufe für ihn haben kann und soll, die Möglichkeit, vor der Gemeinde sein eigenes „Ja" zu diesem Geschenk zu bekennen.

Die verpflichtende Aufgabe der Eltern und Paten endet mit diesem Augenblick; doch bleibt natürlich zu hoffen, dass Eltern, Paten und Patenkind auch weiterhin über diesen Glauben, der sie verbindet, im Gespräch bleiben, ihn miteinander leben.

Wer als Kind nicht getauft worden ist, wird oftmals erst durch den Konfirmandenunterricht seiner Freunde und Klassenkameraden darauf aufmerksam werden. Zwei verschiedene Möglichkeiten gibt es in der Praxis der Gemeinden in Deutschland: Entweder wird eine erste Zeit des Konfirmandenunterrichts als Taufunterricht gegeben; am Ende dieser Zeit steht dann die Taufe, an die sich ein weiterer Konfirmandenunterricht anschließt, der mit dem Konfirmationsgottesdienst endet.

In anderen Gemeinden ist der Unterricht beides gleichzeitig: Konfirmandenunterricht für die Getauften. Taufunterricht für die Noch-nicht-Getauften. Da schließt dann der gemeinsame Unterricht auch mit einem gemeinsamen Gottesdienst für beide Gruppen ab: Die einen werden getauft (und sprechen bei der Taufe ihr Bekenntnis), die anderen werden konfirmiert und sprechen das Bekenntnis, das sie bei ihrer Taufe noch nicht sprechen konnten.

Eine solche Konfirmandentaufe gilt dann als Erwachsenentaufe (nach geltendem Recht wird der Jugendliche mit 14 Jahren religionsmündig), und es braucht dabei keine Paten. Eine zusätzliche Konfirmation entfällt in dieser Situation natürlich, denn die Konfirmation ist das Ja zur Taufe, das nun der Täufling selbstverantwortlich sprechen kann.

Sich selbst entscheiden

Ein letztes Wort zum oft gehörten Argument, dass die Kindertaufe gegen den Willen des Kindes geschieht und deshalb abzulehnen sei; es komme darauf an, dass das Kind sich selbst entscheide.

Inhalt und Bedeutung der Taufe ist das Angebot der Liebe Gottes zu einem Menschen. Dieses Angebot gilt – ob wir es annehmen oder nicht. Gott liebt auch diejenigen, die ihn ablehnen – oftmals vielleicht gerade die!

Sollten Eltern aber selbst mit diesem Geschenk Gottes nichts anfangen kön-

nen, so ist es ohne Zweifel besser, wenn sie darauf verzichten, ihr Kind taufen zu lassen.
Über eines sollten Eltern sich aber klar werden – ob sie ihr Kind taufen lassen oder nicht: Für das Kind wird es fast unmöglich sein, sich tatsächlich „selbst zu entscheiden". In kaum einem Bereich sind Kinder so aufmerksam, wach und feinfühlig wie in dem, was wir Erwachsenen Glaube oder Religion oder Weltanschauung nennen. Gerade kleine Kinder stellen immer die kindlichen Fragen nach Tod und Leben, nach Gut und Böse, nach Wahrheit und Lüge. Und sie hören genau auf unsere „erwachsenen" Antworten. Ganz genau hören sie unsere eigenen Unsicherheiten heraus, entdecken unsere ausweichenden Formulierungen, spüren unsere verborgenen Ängste. Und wenn sie dann heranwachsen, werden sie sich ihre eigene Weltanschauung und Religion aneignen in Übereinstimmung oder gerade im Gegensatz zu dem, was sie von den Eltern gehört und erfahren haben. Es gibt wohl keinen Bereich des Lebens, in dem wir – oft genug ohne Worte – unsere Kinder so stark beeinflussen wie in dem Bereich der Religion und der Weltanschauung. Wer da von einem „Sich-selbst-Entscheiden", unbeeinflusst von anderen, spricht, macht sich selbst etwas vor.
Und ein anderes gilt: Wie soll ein Kind „sich selbst entscheiden", wenn es keine Informationen erhält und keine Modelle erfährt. Glauben hat auch mit Wissen zu tun – wer sagt dem Kind, welches Angebot Gott für es hat? Glauben hat mit Vertrauen zu tun – wie soll das Kind dieses Vertrauen lernen, wenn keiner in seiner Umgebung ist, der Gott vertraut? Unser elterliches (oder auch ein großelterliches) Vorbild wird das Kind prägen – ob wir es wollen oder nicht.
Wer aber als Vater oder Mutter sich über Gottes großes Geschenk der Taufe tatsächlich freuen kann, wer aus und mit diesem Geschenk lebt – wie sollte der sich dieses Geschenk nicht auch für sein Kind wünschen?

Taufsprüche Themen zugeordnet

Freude

„Meine Seele erhebt den Herrn, und mein Geist freut sich Gottes, meines Heilandes.“ *Lukas 1,46-47*

Eine junge Frau, fast noch ein Mädchen, singt jubelnd ein Lied. Dabei wäre die Situation nach unserem Maßstab gar kein besonderer Anlass zum Jubeln: Maria ist schwanger, der Vater ihres Kindes nicht greifbar, die Zukunft von Mutter und Kind mehr als ungewiss.
Doch Maria singt ihr Lied, denn sie ist gewiss: Was ihr geschieht, das kommt von Gott und ist deshalb gut und richtig. Sie erwartet ein Kind und darüber freut sie sich. Es ist die einfache, natürliche Freude des Menschen, der seiner Bestimmung gemäß lebt – mögen die anderen auch denken und tuscheln, was sie wollen.
Freude an Gott und Gottes Tun in meinem Leben – das ist wohl die geheime Quelle von allen Formen des Christ-Seins. Und wer sollte sich da nicht freuen, wenn Gott selbst zu uns kommt! Wer sollte sich nicht freuen, wenn Gott bei uns ist! Wer sollte sich nicht freuen, wenn ihm doch im Evangelium Sinn und Ziel seines Lebens erschlossen wird! Evangelium – auf Griechisch: Euangelion – ist der Name dieser Nachricht von Gott: Frohe, besser noch: frohmachende Botschaft, weil sie mir sagt, dass das Ende meines Lebens in Gottes Hand steht. Wenn aber das Ende gut sein wird, wie könnte dann irgendetwas auf dem Wege dorthin den guten Ausgang hindern?
Das heißt nicht, dass nicht auch im Christenleben Leid, Traurigkeit, Schmerz und Angst ihren Platz suchen werden. Nirgends ist den Christen ein „leichtes Leben“ verheißen – wohl aber das ewige Leben in Gottes liebender Gegenwart. Deshalb kann in jeder Situation diese Freude noch etwas größer sein als der Schmerz des Augenblicks. „Freuet euch in dem Herrn allewege, und abermals sage ich: Freuet euch!“ (Philipper 4,4).

Weitere Taufsprüche zum Thema Freude:

„Freut euch, dass eure Namen im Himmel geschrieben sind.“ (Lukas 10,20)

„Dienet dem Herrn mit Freuden, kommt vor sein Angesicht mit Frohlocken!“ (Psalm 100,2)

„Seid fröhlich in Hoffnung, geduldig in Trübsal, beharrlich im Gebet!“ (Römer 12,12)

„Ich habe dir geboten, dass du getrost und unverzagt seist!“ (Josua 1,9)

Frieden

„Christus ist unser Friede." *Epheser 2,14*

Von einem russischen Dichter wird erzählt, dass er eines Tages auf der Straße den Kindern beim Spielen zusah. „Was spielt ihr?", fragte er schließlich. „Wir spielen Krieg", antworteten sie. „Findet ihr das ein gutes Spiel? Ist es richtig, wenn ihr einander im Spiel verletzt oder gar tötet, wenn ihr zerstört und vernichtet? Warum spielt ihr nicht einmal Frieden?" Die Kinder waren begeistert. „O ja, das wollen wir spielen!", riefen sie durcheinander. Der Dichter ging zufrieden weiter – aber nur bis zur nächsten Straßenecke. Dort holten ihn die Kinder mit einer wichtigen Frage wieder ein: „Väterchen, sage uns doch, wie man Frieden spielt!" Es ist richtig: Wir haben unsere Schwierigkeiten mit dem Frieden. Zu lange hat der Krieg diese Welt regiert. Schon vor fast 3000 Jahren konnte ein griechischer Denker zu der Erkenntnis kommen: „Der Krieg ist der Vater aller Dinge." Und hat er nicht Recht? Ist es nicht die Auseinandersetzung, der Konflikt, der die Weltgeschichte vorangetrieben hat? Aber gerade da liegt der Denkfehler. Zu lange haben wir Menschen den Krieg, die Vernichtung des anderen als die beste Lösung unserer Konflikte angesehen. Es gibt kein Gebot Gottes: Du sollst nicht streiten! Wohl aber hat Gott geboten: Du sollst nicht töten!

Christus selbst hat keinen Konflikt gescheut. Das Neue Testament ist voll von Streitgesprächen und Auseinandersetzungen. Aber an keiner Stelle ist Jesus bereit, seine Gegner zu vernichten. Immer geht es ihm um das Leben – auch seiner Widersacher. Woher nimmt er diese Gelassenheit im Streit, die Überlegenheit und Ruhe in der Auseinandersetzung? Wie kann er im Augenblick seiner Kreuzigung noch für die Henkersknechte beten?

Es ist das Wissen um Gottes Gegenwart, der Glaube an Gottes Zuverlässigkeit, das Vertrauen in das Leben, das Gott schenkt, das Jesus diese Sicherheit gibt bis in den Tod hinein.

Weitere Taufsprüche zum Thema Frieden:

„Selig sind die Friedfertigen; denn sie werden Gottes Kinder heißen." (Matthäus 5,9)

„Der Gerechtigkeit Frucht wird Friede sein." (Jesaja 32,17)

„Es sollen wohl Berge weichen und Hügel hinfallen, aber meine Gnade soll nicht von dir weichen, und der Bund meines Friedens soll nicht hinfallen, spricht der Herr, dein Erbarmer." (Jesaja 54,10)

„Ehre sei Gott in der Höhe und Friede auf Erden bei den Menschen seines Wohlgefallens." (Lukas 2,14)

Gebet

„Wenn ihr den Vater um etwas bitten werdet in meinem Namen, wird er's euch geben." *Johannes 16,23*

Gott wird in der Taufe mein Vater. Zu ihm kann ich kommen wie ein Kind zu seinem Vater – nicht immer das kleine Kind, auch der Heranwachsende und der Erwachsene (manchmal gerade der) braucht den Vater, dem er vertrauen, dem er alles anvertrauen kann.
Von den Kindern können wir lernen, wie wir mit Gott sprechen können und sollen: Kinder drängen, quengeln, klagen, weinen sich aus, erzählen das wichtige Ereignis des Tages wieder und wieder.
Da gibt es die schönen Gebete, die gereimten, glatten Verse. Sie sind gut und hilfreich in der Stunde, in der unsere Sprache versagt, im Augenblick der Not. Doch nicht nur in diesen wohlabgewogenen Worten können wir mit Gott reden. Martin Luther hat einmal erzählt, dass immer dann, wenn er sich fragte, ob er noch auf dem rechten Weg sei, ob es denn sein könne, dass er einen Kampf gegen alle, Papst und Kaiser zu führen habe, dass in solch einer Stunde er auf seinen großen Schreibtisch mit Kreide geschrieben habe: BAPTIZATUS SUM. Auf Deutsch heißt das: ICH BIN GETAUFT. Dieses war, so erzählt Luther, die kürzeste Form meines Gebetes. Sie hieß: Gott, damals, am 11. November 1483 hast du die Verantwortung für mich, dein Kind Martin Luther, übernommen. Nun sei da und nimm deine Verantwortung wahr! Schick mir einen Menschen, der sagt: „Weiter so, Martin!" oder schick mir den anderen, der mir sagt: „Ihr seid auf dem falschen Weg, Dr. Luther!" Und einer der beiden – so erwähnte Luther – ist dann immer gekommen.

Weitere Taufsprüche zum Thema Gebet:

„Wer des Herrn Namen anrufen wird, der soll errettet werden." (Joel 3,5)

„Rufe mich an in der Not, so will ich dich erretten." (Psalm 50,15)

„Gelobt sei Gott, der mein Gebet nicht verwirft noch seine Güte von mir wendet." (Psalm 66,20)

„Wir liegen vor dir mit unserm Gebet und vertrauen nicht auf unsre Gerechtigkeit, sondern auf deine große Barmherzigkeit." (Daniel 9,18)

Glaube

„Glaube an den Herrn Jesus, so wirst du und dein Haus selig!"

Apostelgeschichte 16,31

Das Neue Testament selbst sagt uns, was Glaube ist: „Es ist aber der Glaube eine feste Zuversicht auf das, was man hofft, und ein Nichtzweifeln an dem, was man nicht sieht." (Hebräer 11,1)

Zuversicht – Hoffnung – Nichtzweifeln – Nichtsehen. Gibt es das überhaupt, dass wir nicht zweifeln an dem, was wir nicht sehen?

Natürlich gibt es das, immer und immer wieder: Die Liebe meiner Frau, das Vertrauen meiner Kinder – noch nie habe ich sie gesehen, und doch bin ich ihrer ganz gewiss! Mindestens so gewiss wie der Tatsache, dass zwei mal zwei vier ist. Nein, gewisser! Denn diese Liebe, dieses Vertrauen gelten immer und überall.

Das Wort, das im griechischen Neuen Testament für „Glaube" steht, kann auch mit „Vertrauen" übersetzt werden. Es geht also nicht um ein „Für-wahr-Halten" oder um ein „Für-nicht-ganz-ausgeschlossen-Halten". Es geht um die Vertrauensfrage. Ich kann einem anderen Menschen nicht „ein bisschen" vertrauen; entweder ganz oder gar nicht. Dabei ist dieses Vertrauen nicht blind, sondern sehr hellsichtig: Es wird sehen, was ich dem anderen zumuten kann, welche Anforderungen ich stellen darf; wo ich ihn überfordere. Blindes Vertrauen ist das Gegenteil von Vertrauen.

Schon in unserem menschlichen Alltag kann das Vertrauen in die Liebeserklärung des geliebten Menschen die Welt verändern, mein Leben umgestalten. Wieviel mehr gilt das für Gottes Liebeserklärung an uns? Glauben heißt dann: „Ich bin gewiss, dass weder Tod noch Leben, weder Engel noch Mächte noch Gewalten, weder Gegenwärtiges noch Zukünftiges, weder Hohes noch Tiefes noch eine andere Kreatur uns scheiden kann von der Liebe Gottes, die in Jesus Christus ist, unserem Herrn." (Römer 8,38-39)

Dieses Bekenntnis sprechen können, das ist Seligkeit!

Weitere Taufsprüche zum Thema Glauben:

„Wenn man von Herzen glaubt, so wird man gerecht." (Römer 10,10)

„Alle Dinge sind möglich dem, der da glaubt." (Markus 9,23)

„Wer an den Sohn glaubt, der hat das ewige Leben." (Johannes 3,36)

„Selig sind, die nicht sehen und doch glauben." (Johannes 20,29)

„Unser Glaube ist der Sieg, der die Welt überwunden hat." (1. Johannes 5,4)

Christus spricht: „Dein Glaube hat dir geholfen; geh hin in Frieden." (Lukas 7,50)

Gnade

„Es sollen wohl Berge weichen und Hügel hinfallen, aber meine Gnade soll nicht von dir weichen!“ *Jesaja 54,10*

Gottes Gnade – sie wird nur verständlich vor dem Hintergrund unserer menschlichen Schuld. Mehr noch: Sie macht unsere menschliche Schuld erst deutlich erkennbar. Jesus, von seinen Jüngern befragt nach der „Schuld“ von Menschen, die einem Unglücksfall oder menschlicher Willkür zum Opfer gefallen sind, antwortet mit einem sehr harten Wort: „Meint ihr, dass diese Menschen mehr gesündigt haben als andere, weil ihnen das zugestoßen ist? Nein; sondern wenn ihr nicht Buße tut, werdet ihr alle auch so umkommen.“ (nach Lukas 13,1-5)
Welches ist die Schuld? Das, was wir Gott dem Schöpfer „schuldig“-bleiben: Dank, Lob, Preis, Anbetung. Erschaffen zu seinem Ebenbild, um diese seine Schöpfung in allen ihren Kreaturen für ihn zu bewahren und zu bebauen, machen wir uns „selbständig“; vergessen ihn auf Zeit oder auf Dauer, trennen uns von ihm wie der verlorene Sohn, der das Vaterhaus verlässt: Gib mir, Vater, mein Erbe; du bist überlebt, alt, fast schon tot; ich aber bin jung, erfolgreich, fähig. So geht er davon – und landet bei den Schweinen.
Trennung von Gott – das ist die Bedeutung des Wortes „Sünde“; abgesondert von IHM bleiben wir ihm unsere Liebe schuldig, um die er doch seit Anbeginn der Schöpfung geworben hat, die er verdient und die er doch nicht erzwingt, weil er freie Geschöpfe als Gegenüber haben will.
Und dennoch leben wir, haben wir Zeit der Gnade, um Buße zu tun, umzukehren, zurückzukehren zum Vater mit dem Bekenntnis der Schuld: „Vater, ich habe gesündigt gegen den Himmel und vor dir.“ (Lukas 15,21)
Und Gott lässt Gnade vor Recht ergehen. Nichts tut er lieber als begnadigen, als Schuld vergeben, als Sünde wegwischen. Er wartet, hofft, bittet, ruft, sucht: „Kommt wieder, Menschenkinder!“ (Psalm 90,3).

Weitere Taufsprüche zum Thema Gnade:

„Die Gnade des Herrn währt von Ewigkeit zu Ewigkeit über denen, die ihn fürchten.“ (Psalm 103,17)

„Das Wort ward Fleisch und wohnte unter uns, und wir sahen seine Herrlichkeit, eine Herrlichkeit voller Gnade und Wahrheit.“ (Johannes 1,14)

„Gott gebe euch viel Gnade und Frieden.“ (1. Petrus 1,2)

„Fülle uns frühe mit deiner Gnade, so wollen wir rühmen und fröhlich sein unser Leben lang.“ (Psalm 90,14)

Geist Gottes

„Welche der Geist Gottes treibt, die sind Gottes Kinder."

Römer 8,14

Geister gibt es viele: kleine Geister, große Geister, den Geist Albert Schweitzers, den Geist Karl Marx's, den Geist der Verständigung, den Klassengeist, den Corpsgeist ...
Und jeder von uns hat seinen eigenen Geist, größer oder kleiner. Was hat es auf sich mit diesen Geistern? Sicherlich haben sie alle nichts zu tun mit den Gespenstern mit wehenden Bettlaken, es sei denn die überraschende Tatsache, dass auch diese nicht greifbar, nicht festzuhalten sind. Und doch jagen sie demjenigen, der vor ihnen Angst hat, einen tüchtigen und durchaus wirklichen Schrecken ein. Das also ist ein Geist: etwas Ungreifbares, das wirkt; etwas Unfassbares, das uns bestimmen kann; etwas Gegenstandsloses, das doch wirklicher ist als vieles, was uns wirklich vorkommt.
Viele Bilder bieten die Sprachen der Bibel, um das Wirken des Geistes deutlich zu machen: Im Alten Testament ist er der lebendig machende Atem Gottes, der Sturm, der Wind. Auch Jesus spricht vom Geist als einem Wind, den wir niemals sehen können, dessen Auswirkungen – fliegende Blätter, wirbelnden Staub, sich biegende Bäume – wir aber erkennen. Er lässt sich nicht einfangen, nicht einsperren, nicht festhalten, der Wind, der Geist. Er ist selbst Bewegung. Gottes begeisterte Bewegung, die überspringt auf uns Menschen, die uns vorantreibt in dieser Welt, um Leben zu schaffen und zu ermöglichen.
Gott selbst bietet uns in der Taufe seinen Geist an. Aus Wasser und Heiligem Geist sollen wir neu geboren werden. Gottes Bewegung will in uns Platz greifen und uns in Bewegung setzen – hin zum Nächsten, hin zu Gott.

Weitere Taufsprüche zum Thema Geist Gottes:

„Der Herr ist der Geist; wo aber der Geist des Herrn ist, da ist Freiheit." (2. Korinther 3,17)

„Schaffe in mir, Gott, ein reines Herz und gib mir einen neuen, beständigen Geist." (Psalm 51,12)

„Die Liebe Gottes ist ausgegossen in unsre Herzen durch den Heiligen Geist, der uns gegeben ist." (Römer 5,5)

Gottes Wort

„Ich schäme mich des Evangeliums nicht; denn es ist eine Kraft Gottes, die selig macht alle, die daran glauben." *Römer 1,16*

Die Quelle allen Lebens ist das Wort Gottes. Dieses Wort ist es, das am Anfang der Zeit die Zeit selbst und alles, was ist, entstehen lässt: „Und Gott sprach ...!" Da ward es. Deshalb ist es und lebt.

Ziel dieses Wortes ist das Leben. Und immer wieder schafft dieses Wort neues Leben. Jeden Tag.

Aber nicht nur Leben als Existieren schafft dieses Wort, sondern es will das erfüllte Leben. So ist es dieses Wort, das Israel aus der Knechtschaft in Ägypten herausruft. Nicht Sklaven unter menschlicher Herrschaft will Gott, sondern freie Kinder Gottes.

Immer wieder setzen wir Menschen diese Freiheit aufs Spiel. Und immer wieder schafft Gottes Wort neue Freiräume. Es läuft weiter durch diese Welt. Paulus nennt dieses Wort eine „Kraft Gottes"; auf Griechisch heißt das „dynamis theou", das „Dynamit Gottes", die Sprengkraft wider alle Fesseln und Gefängnisse des Leibes und der Seele.

Doch noch größer ist das Geheimnis dieses Wortes: Das Wort wurde Fleisch. In Jesus Christus wird dieses gewaltige Wort selbst Mensch, für uns Menschen begreifbar, erfassbar, verstehbar. Seither begegnet uns das allgewaltige Wort Gottes im Wort der Menschen. In dem tröstenden Wort des Nächsten, in dem zurechtweisenden Wort des Freundes, in dem Wortgeklingel des Alltags. Da ist es, springt uns an, macht uns betroffen, lässt uns die Freiheit, zu der wir berufen sind, erahnen, fühlen, ergreifen, bewahren. Das Wort Gottes im Menschenwort verborgen fordert uns heraus, lädt uns ein, will uns auf den Weg bringen.

Weitere Taufsprüche zum Thema Gottes Wort:

„Des Herrn Wort ist wahrhaftig, und was er zusagt, das hält er gewiss." (Psalm 33,4)

„Selig sind, die das Gotteswort hören und bewahren." (Lukas 11,28)

„Himmel und Erde werden vergehen; aber meine Worte werden nicht vergehen." (Matthäus 24,35)

„Der Mensch lebt nicht vom Brot allein, sondern von einem jedem Wort, das aus dem Mund Gottes geht." (Matthäus 4,4)

Hoffnung

„Auf Gott hoffe ich und fürchte mich nicht; was können mir Menschen tun?“ *Psalm 56,12*

Hoffnung blickt in die Zukunft. In der dunklen Gegenwart, im Augenblick der Einsamkeit, da brauchen wir die Hoffnung zum Überleben. Denn Hoffnung ist das ganz gewisse Wissen, dass nach der Dunkelheit das Licht kommt, dass in unserer Einsamkeit einer kommt, um uns zu trösten und uns seine Gemeinschaft zu schenken.
Wie die Angst die Schwester des Todes ist, so ist die Hoffnung die Schwester des Lebens. Und nur der kann wirklich hoffen, der um die Quelle des Lebens weiß. „Und ob ich schon wanderte im finstern Tal, fürchte ich kein Unglück, denn du bist bei mir“, spricht der Beter des 23. Psalms. Da geschieht kein „Wunder“, das ihn plötzlich aus der Tiefe des finsteren Tales herausreißt; nein, den Weg muss er selbst zu Ende gehen, aber er weiß, dass dieser Weg ein Ziel hat, das hell und licht ist.

Das ist das Wunder Gottes in unserem Leben: der Mut zum nächsten Schritt, die Hoffnung auf ihn. Am Ende werden nicht Tod und Vergehen, sondern die Gemeinschaft mit ihm und das Leben in Freude ohne Ende sein. Am Ende wird er selbst sein. Das ist die unerschütterliche Hoffnung der Christen. Unerschütterlich nicht deshalb, weil die Christen besonders fest in ihrem Glauben wären, sondern weil Gott selbst der Unerschütterliche und ewig Feste und sich selbst Treue ist.

Weitere Taufsprüche zum Thema Hoffnung:

„Wer auf den Herrn hofft, den wird die Güte umfangen.“ (Psalm 32,10)

„Der Herr ist meine Stärke und mein Schild; auf ihn hofft mein Herz, und mir ist geholfen.“ (Psalm 28,7)

„Befiehl dem Herrn deine Wege und hoffe auf ihn, er wird's wohl machen.“ (Psalm 37,5)

„Der Herr hat Gefallen an denen, die ihn fürchten, die auf seine Güte hoffen.“ (Psalm 147,11)

„Mein Herz freut sich, dass du so gerne hilfst. Ich will dem Herrn singen, dass er so wohl an mir tut.“ (Psalm 13,6)

„Christus ist in euch, die Hoffnung der Herrlichkeit.“ (Kolosser 1,27)

Leben

„Ergreife das ewige Leben, wozu du berufen bist."

1. Timotheus 6,12

Ewiges Leben, das ist mehr als bloßes Dasein und Existieren. Ewiges Leben, das ist Leben aus Gott, Leben mit Gott, Leben in Gott.

Unser menschliches Leben steht immer unter dem Vorzeichen des Todes. Schon im Augenblick der Geburt steht es fest: Auch dieser Mensch wird sterben. Ewiges Leben zerbricht dieses eherne Gesetz: so, wie Christus selbst durch den Tod hindurch gegangen ist in die Auferstehung, in das ewige Leben, so wird ein jeder Getaufte durch den Tod ins Leben gehen.

Deshalb beginnt das ewige Leben nicht erst nach dem Tod, sondern schon heute, im Augenblick der Taufe, Gott selbst stellt hier die Gemeinschaft her, die Leben heißt und Leben gewährleistet – was auch geschieht und sei es der Tod. Der Tod ist für uns Menschen das Zerbrechen des Lebens, das Ende, die Sinnlosigkeit. Wie ein Minuszeichen vor der Klammer in der Mathematik alles, was in der Klammer steht, negativ werden lässt, so lässt der Tod als Zeichen der Sinnlosigkeit alles Geschehen im Leben eines Menschen sinnlos werden – wenn er das letztlich entscheidende Vorzeichen des Lebens ist.

Aber das ist er jetzt nicht mehr; Gott selbst schreibt sein großes Plus! Und das gilt nun für alles, was geschieht – selbst für den Tod.

Das Ziel und der Weg dorthin stehen in Gottes Hand.

Weitere Taufsprüche zum Thema Leben:

„Christus spricht: Ich bin die Auferstehung und das Leben. Wer an mich glaubt, der wird leben!" (Johannes 11,25)

„Sei getreu bis an den Tod, so will ich dir die Krone des Lebens geben." (Offenbarung 2,10)

„Die Welt vergeht mit ihrer Lust; wer aber den Willen Gottes tut, der bleibt in Ewigkeit." (1. Johannes 2,17)

„Gott ist nicht ein Gott der Toten, sondern ein Gott der Lebendigen." (Matthäus 22,32)

Licht

Christus spricht: „Ich bin das Licht der Welt. Wer mir nachfolgt, der wird nicht wandeln in der Finsternis, sondern wird das Licht des Lebens haben." Johannes 8,12

Die Botschaft von Weihnachten: Hell soll es auf der Erde werden, denn der ist gekommen, der von sich sagen kann: Ich bin das Licht der Welt.
Licht – das erste Werk der Schöpfung. Nach dem Lied der Bibel (1. Mose 1) geht es von Gott aus am ersten Tag der Schöpfung. Es gehört zu ihm, denn „Licht ist sein Kleid" (Psalm 104,2). Dieses Licht scheint hindurch in die tiefsten Tiefen der Welt und des menschlichen Herzens, denn „unsre Missetaten stellst du vor dich, unsre unerkannte Sünde ins Licht vor deinem Angesicht" (Psalm 90,8). Dieses Licht – es kann das verzehrende Feuer werden, in dem das Böse, das Gott-Ferne vergeht. Doch nicht um zu zerstören, sondern um zu heilen. Denn nicht dazu ist der Mensch geschaffen, in der Finsternis zu wandeln, sondern um das Licht des Lebens zu haben. Ohne Licht gibt es auf dieser Welt kein Leben. Ohne das göttliche Licht herrscht die Finsternis des Todes.

Doch nun ist dieses Licht selbst in die Welt gekommen, mitten in die Finsternis hinein, damit es hell und warm werde. Hat die Finsternis diese, ihre vielleicht letzte Chance ergriffen? Lassen wir uns erhellen? Lassen wir uns anstecken von diesem Licht, damit wir selbst zum Licht werden? Denn das ist der Auftrag, den Jesus seinen Jüngern gibt: „Ihr seid das Licht der Welt." (Matthäus 5,14)

In der Taufe entzünden wir die Taufkerze am Osterlicht. Dem Täufling gilt die Zusage Christi: Durch die Finsternis des Todes hindurch will ich dich in mein ewiges Licht zu mir holen.

Bewahren wir dieses Licht, behüten wir es vor den Stürmen des Lebens, die es ausblasen wollen. Und sollte es ausgeblasen worden sein, so kehren wir zurück dahin, wo das ewige Licht des Lebens brennt – zu Christus.

Weitere Taufsprüche zum Thema Licht:

„Der Herr ist mein Licht und mein Heil; vor wem sollte ich mich fürchten?" (Psalm 27,1)

„Denn ihr alle seid Kinder des Lichtes und Kinder des Tages." (1. Thessalonicher 5,5)

„Dein Wort ist meines Fußes Leuchte und ein Licht auf meinem Wege." (Psalm 119,105)

Liebe

„Ich habe dich je und je geliebt, darum habe ich dich zu mir gezogen aus lauter Güte.“ *Jeremia 31,3*

„Die Taufe ist allein Gottes Gabe und Werk.“ So heißt es in der Gottesdienstordnung für die Taufe. Mit IHM, mit Gott selbst fängt alles an – unser Leben, unser Atmen, unser Hoffen und unsere Taufe.

Nur einen einzigen Grund gibt es für die Taufe: Gottes grundlose und unendliche Liebe.

Sie ist „grundlos“ in jeder Bedeutung dieses Wortes: Kein Mensch wird je den Grund und die Ursache dieser Liebe verstehen oder ermessen können. So wenig wie wir unsere menschliche Liebe „begreifen“, ihre wahren Gründe erkennen können, so „grundlos“ ist Gottes Liebe.

Und „grundlos“ ist diese Liebe Gottes in dem Sinne, dass niemals ein Mensch ihren Grund, ihre Tiefe wirklich wird ausschöpfen können. Mag auch der Mensch sich von Gott trennen – das ist die Bedeutung des Wortes „Sünde“ – mag er auch Gott davonlaufen, mag er ihn vergessen: Gott gibt ihn nicht auf, weil er ihn liebt.

Nirgends werden die Worte der Bibel ergreifender und erschütternder als dort, wo Gott klagt über seine Menschenkinder, die seine Liebe nicht wahrnehmen, die diese Liebe nicht mit Liebe beantworten (Jesaja 1 + Jeremia 2).

Denn nichts anderes ist Gottes Wille für uns Menschen als unsere Liebe – ihm gegenüber und untereinander.

„Die Liebe ist stark wie der Tod“, heißt es im Hohelied Salomos; und von der Liebe Gottes ist hier die Rede (Hohelied 8,6). Von dieser Liebe, die den Tod überwindet, wissen schon die Menschen des Alten Testaments.

Doch die Liebe ist sogar stärker als der Tod – davon berichtet das Neue Testament in der Geschichte von Leben, Sterben und Auferstehen Jesu. Gott selbst geht in den Tod – und durch den Tod hindurch ins Leben, um uns Menschen seinen Weg zu zeigen. So ist das Ziel allen menschlichen Lebens das ewige Leben – Sein in der endlosen Liebe Gottes. Dahin will er uns ziehen.

Weitere Taufsprüche zum Thema Liebe:

„Gott ist die Liebe; und wer in der Liebe bleibt, der bleibt in Gott und Gott in ihm.“ (1. Johannes 4,16)

„Ein neues Gebot gebe ich euch, dass ihr euch untereinander liebt, wie ich euch geliebt habe.“ (Johannes 13,34)

„Nehmet einander an, wie Christus euch angenommen hat.“ (Römer 15,7)

„Lasset uns nicht lieben mit Worten, sondern mit der Tat und mit der Wahrheit.“ (1. Johannes 3,18)

Lob, Preis und Dank

„Lobe den Herrn, meine Seele, und vergiss nicht, was er dir Gutes getan hat!“ *Psalm 103,2*

Gott kommt zu uns Menschen, um uns zu IHM zu holen. Das ist die frohe Botschaft, das Evangelium. Wer begreift, was das heißt: Gott mein Vater – ich Gottes Kind, der kann nicht davon schweigen. Der muss Gott dafür danken! Aber wie mache ich das? Unser alltägliches Gegengeschenk? Gott gegenüber kann ich das ja nicht machen – denn alles kommt ja ohnehin von IHM.
Jesus hat seinen Jüngern die Kinder als Vorbilder gezeigt. Das gilt auch, und gerade beim Danken, beim Loben und Preisen. Für die Eltern gibt es ja kein besseres Zeichen für die Freude der Kinder zu Weihnachten, als wenn die Kinder mit den Geschenken spielen, sie benutzen. Darum sollten wir es genau so machen.
Gott hat mir meine Stimme gegeben – so kann ich ihn damit loben!
Gott hat mir meine Hände gegeben – so kann ich damit danken, indem ich sie für andere Menschen schaffen lasse oder vor IHM falte.
Gott hat mir die Füße gegeben – also bringe ich damit seine frohe Botschaft zu seinen anderen Kindern.
Gott hat mir meinen Verstand gegeben – damit ich über ihn und seine Wunder nachsinne und IHM danke!
Gott hat mir Augen geschenkt – damit ich die Wunder seiner Schöpfung erkenne und ihn preise; aber auch damit ich das Elend und Leid in der Welt sehe und in seinem Namen dagegen einschreite.
„Lobe den Herrn, meine Seele“, singt der Beter des Psalms. Im Alten Testament ist die Seele nichts, was der Mensch hat, sondern der Mensch ist eine Seele (1. Mose 2,7), geschaffen aus irdischer Materie und göttlichem Geist. So ist auch das Lob der Seele nicht etwas, was nur die Stimme, die Gedanken oder die Worte meint. Nein – wenn die Seele Gott lobt, dann ist das der ganze Mensch, in allem, was er tut, redet und denkt.
Das ist der Dank, den Gott von uns erhofft und erbittet.

Weitere Taufsprüche zu Lob, Preis und Dank:

„Gelobt sei Gott, der mein Gebet nicht verwirft noch seine Güte von mir wendet.“ (Psalm 66,20)

„Gelobt sei der Herr täglich. Gott legt uns eine Last auf, aber er hilft uns auch.“ (Psalm 68,20)

„Gott sei gedankt, der uns allezeit den Sieg gibt in Christus.“ (2. Korinther 2,14)

„Lobet den Herrn, alle Heiden! Preiset ihn, alle Völker! Denn seine Gnade und Wahrheit waltet über uns in Ewigkeit. Halleluja!“ (Psalm 117)

Segen

„Ich will dich segnen und du sollst ein Segen sein." *1. Mose 12,2*

Segen – mit keinem anderen Wort lässt sich der Inhalt des Taufgeschenkes Gottes an seine Kinder umfassender beschreiben.
Das deutsche Wort „segnen" bedeutet wörtlich „ein Zeichen daranmachen". Das Zeichen, das uns in der Taufe „angeheftet" wird, ist das Zeichen des Kreuzes. Und dieses Zeichen hat eine Wirkung: Es bezeichnet den Besitz. Wer unter diesem Zeichen steht, der gehört dem, dessen Zeichen das Kreuz ist: Jesus Christus. Wie ein Brandmal eines Tieres den Besitzer anzeigt, so zeigt auch das Zeichen des Kreuzes, wem dieser Mensch gehört, über dem es geschlagen wird.
„Mein Kind sollst du sein", sagt Gott in der Taufe. „Dein Vater will ich sein. Dich beschützen und geleiten auf allen deinen Wegen – bis zum Ziel, das mein ewiges Leben ist."
In der Geschichte von der Taufe Jesu spricht Gott selbst diesen Segen: „Dies ist mein geliebter Sohn. Alle Welt soll es wissen: Jesus gehört zu Gott, Gott gehört zu Jesus." (nach Matthäus 3,17)
So sollen auch wir zu Gott gehören, wenn in der Taufe das Zeichen des Kreuzes über uns geschlagen wird. Gottes Kinder können und dürfen wir sein. Aber der Segen ist nicht nur Geschenk, sondern auch Aufgabe. Wie der Sohn das Werk des Vaters in dieser Weit ausrichtet – in seinem Geiste seine Worte verkündet und seine Taten tut – so sollen auch wir zum Segen für andere werden. Gottes Segen ist nichts zum „haben"; wir können ihn nicht aufbewahren, sondern wir sollen ihn alltäglich leben. Bezeichnet mit dem Zeichen des Kreuzes sollen wir zum Zeichen werden von Gottes liebevoller Wirklichkeit in dieser Welt. Deshalb kann Jesus uns verheißen: „Wer an mich glaubt, der wird die Werke auch tun, die ich tue, und er wird noch größere als diese tun." (Johannes 14,12)

Weitere Taufsprüche zum Thema Segen:

„Der Herr denkt an uns und segnet uns." (Psalm 115,12)

„Wer da sät im Segen, der wird auch ernten im Segen." (2. Korinther 9,6)

„Der Herr segne dich und behüte dich; der Herr lasse sein Angesicht leuchten über dir und sei dir gnädig; der Herr hebe sein Angesicht über dich und gebe dir Frieden." (4. Mose 6,24-26)

„Vergeltet nicht Böses mit Bösem oder Scheltwort mit Scheltwort, sondern segnet vielmehr, weil ihr dazu berufen seid, dass ihr den Segen ererbt." (1. Petrus 3,9)

Weg

„Die Wege des Herrn sind richtig, und die Gerechten wandeln darauf." *Hosea 14,10*

Wir alle sind unterwegs. Unser Leben ist ein Weg – wohin? In den Tod oder in Gottes ewiges Leben?
Menschliche Lebenswege sind oft verschlungen; unübersichtlich. Manches erscheint als Sackgasse, stellt sich dann aber als Abschnitt auf dem Weg dar. Anderes erscheint als breite Fahrstraße, endet aber im Nichts. Auswege, Umwege, Holzwege ...
Da gibt es die tiefen Täler, in denen wir das Licht des Lebens nicht mehr sehen können, in denen uns die steilen Wände der Schlucht jeden Ausblick versperren. Angst, Not, Krankheit, Leid, Trauer, Schmerz.
Da gibt es die vermeintlichen Abkürzungen, die doch nur vom Ziel abführen. Der Rückweg scheint abgeschnitten, es geht nur immer tiefer in das Dickicht, den Sumpf. Gier, Habsucht, krumme Wege, schiefe Bahnen, auf denen es kein Halten mehr zu geben scheint.
Jesus war Mensch wie wir. Auch er wusste in Gethsemane nicht, wohin der Weg führen würde. Er hatte Angst. Aber zugleich wusste er, dass da einer ist, der höher steht als wir Menschen, der den Überblick auch dann hat, wenn wir Ausgangspunkt und Ziel aus den Augen verloren haben. „Vater, nicht mein Wille, sondern dein Wille geschehe."
Und Gott führte ihn seinen Weg – bis ans Krenz und in den Tod. Aber dann auch aus dem Tod heraus ins ewige Leben.
Wie gut, dass uns in der Taufe zugesagt wird, dass Gott uns niemals aus dem Blick verlieren wird. Er wird uns begleiten und tragen auf allen unseren Wegen. Er wird uns – menschliche – Wegweiser an den Lebenspfad stellen, wenn wir die Richtung zu verlieren drohen. Er wird uns suchen wie das verlorene Schaf und auf seinen Schultern zurücktragen in die Heimat.

Weitere Taufsprüche zum Thema Weg:

„Weise mir, Herr, deinen Weg, dass ich wandle in deiner Wahrheit." (Psalm 86,11)

„Er führet mich auf rechter Straße um seines Namens willen." (Psalm 23,3)

„Ich bin der Weg und die Wahrheit und das Leben; niemand kommt zum Vater denn durch mich." (Johannes 14,6)

„Der Herr ist mein Hirte, mir wird nichts mangeln." (Psalm 23,1)

Weisheit

„In Christus liegen verborgen alle Schätze der Weisheit und der Erkenntnis." *Kolosser 2,3*

Sie ist aus der Mode gekommen, die Weisheit. Nur selten noch taucht sie in unserer Sprache auf. Nur sehr selten sprechen wir sie einem Menschen zu, sagen: „Der ist weise".

Wir sind bescheidener geworden, haben an die Stelle der Weisheit das Wissen gesetzt. Das ist einfacher zu erwerben, einfacher auch zu handhaben. Wissen, das ist die Ansammlung von Tatsachen, Regeln, Gesetzen, nach denen unsere Welt funktioniert. Und wer das Wissen beherrscht, der kann dann – so meinen wir – auch die Welt beherrschen. Wissen ist Macht.

Nicht so die Alten. Sie wussten, dass „unser Wissen nur Stückwerk" ist. Die Welt ist mehr als nur eine komplizierte Maschine, die wir, wenn wir den Mechanismus kennen, steuern und lenken können. Die Welt ist – so wussten sie in ihrer Weisheit – Gottes Schöpfung, die er selbst in seiner Souveränität lenkt und steuert.

So hat die Weisheit zwei Quellen: das Wissen, das aus dem Beobachten und dem Erkennen der Welt entsteht, und die Erkenntnis, die all dieses Wissen in Beziehung setzt zu dem großen Ganzen der Schöpfung. Und diese Erkenntnis macht bescheiden, macht demütig vor dem Schöpfer, der allein Ursprung und Ziel der Welt kennt.

Aus der Begegnung mit Gott entsteht die Weisheit. Er selbst kann sie schenken – oder verweigern. Wir können sie dankbar annehmen oder verschmähen. Doch wenn wir dieses Geschenk ablehnen, dann bleibt nur unser Wissen, das Stückwerk. Doch wir erkennen nicht, dass es Stückwerk ist, meinen, wir hätten das Ganze, setzen uns selbst an die Stelle Gottes – und verderben die Schöpfung.

Weitere Taufsprüche zum Thema Weisheit:

„Der Herr gibt Weisheit, und aus seinem Munde kommt Erkenntnis und Einsicht." (Sprüche 2,6)

„Die Furcht des Herrn ist der Anfang der Erkenntnis." (Sprüche 1,7)

„Das Zeugnis des Herrn ist gewiss und macht die Unverständigen weise." (Psalm 19,8)

„Das Wort Gottes in der Höhe ist die Quelle der Weisheit." (Sirach 1,5)

Vertrauen

„Alle eure Sorgen werft auf ihn; denn er sorgt für euch!“

1. Petrus 5,7

Vertrauen ist unsere Fähigkeit, von anderen Menschen Gutes zu erwarten. Psychologen sprechen vom ‚Urvertrauen‘, wenn sie die Tatsache meinen, dass ein kleines Kind, das Liebe erfährt, lernt, seine Umwelt und ihre Menschen zu lieben. Aber vielleicht geht dieses Urvertrauen ja noch weiter zurück. Wie absurd wäre die Vorstellung eines Neugeborenen, das misstrauisch die Nahrung prüfen will, die die Mutter ihm reicht. Wer leben will, muss – weil das menschliche Leben immer auch Leben in der Gemeinschaft ist – auch vertrauen.

Selbst den toten Gegenständen vertrauen wir: der Brücke, dass sie uns trägt; der Zimmerdecke, dass sie uns nicht auf den Kopf fällt.

Doch zugleich ist unser Leben angefüllt von Erfahrungen, die unser Vertrauen in Frage stellen. Menschen enttäuschen uns, Liebe wird mit Gleichgültigkeit beantwortet, ein Versprechen wird nicht gehalten.

Dann erleben wir die große Enttäuschung, dann wächst das Misstrauen. Wir ziehen uns zurück von den anderen, wir stehen alleine da, fühlen uns verletzt, verstoßen, ungeliebt. Hoffnungslosigkeit, Resignation breiten sich aus. Wie soll das Leben da weitergehen? Gott bietet sich unserem Vertrauen an: „Vertraue mir“, so sagt er. „Verlass dich auf mich. Macht mit mir deine Erfahrungen – ich werde dich nicht enttäuschen.“

Im Neuen Testament fügt Gott an: „Bin ich es nicht, der Jesus Christus aus dem Tode gerettet hat? Und dir soll dieses Versprechen auch gelten. Und ich werde mein Versprechen, meine Verheißungen ganz gewiss halten.“

Weitere Taufsprüche zum Thema Vertrauen:

„Sei getrost und unverzagt und harre des Herrn.“ (Psalm 27,14)

„Es ist gut, auf den Herrn vertrauen und nicht sich verlassen auf Menschen.“ (Psalm 118,8)

„Der Herr, dein Gott, ist ein barmherziger Gott; er wird dich nicht verlassen.“ (5. Mose 4,31)

„Dennoch bleibe ich stets an dir; denn du hältst mich bei meiner rechten Hand.“ (Psalm 73,23)

Zuversicht

„Ich vermag alles durch den, der mich mächtig macht.“

Philipper 4,13

Ist das nicht übertrieben: „Ich vermag alles ...“ Natürlich ist das übertrieben! Mehr noch: Es ist blanker Hohn im Blick auf die Situation des Schreibers dieses Satzes, denn der Apostel Paulus, der diesen Satz an die Gemeinde in Philippi schreibt, sitzt im Gefängnis, möglicherweise gar angekettet. Nichts kann er, gar nichts.

Und doch schreibt er: „Ich vermag alles ...“, denn er weiß, dass er nicht allein ist. Auf seiner Seite, an seiner Seite steht der, dem alle Gewalt gegeben ist im Himmel und auf Erden. „Ist Gott für uns, wer mag dann wider uns sein“, kann Paulus an anderer Stelle – ebenfalls aus dem Gefängnis schreiben.

Zuversicht nennen die Christen diese Haltung der Hoffnung wider allen Augenschein. Zuversicht: „Gesicht“, „sehen“ steckt in diesem Wort. Aber hier geht es um ein Sehen über das Sichtbare hinaus. Ein Blick hinter die so genannten „Realitäten“, die erdrückende, trostlose Wirklichkeit.

Denn diese Wirklichkeit ist ja nur eine Scheinwirklichkeit. Der Tod gebärdet sich als der Herrscher dieser Welt – er hat noch nicht begriffen, dass er seine Macht damals am Ostermorgen verloren hat, als ihm der eine entkam und damit seine Machtlosigkeit deutlich machte.

Die Herrscher dieser Welt toben sich aus mit Unterdrückung, Folter und Mord. Sie haben nur noch nicht erkannt, dass ihre Macht dort eine Grenze hat, wo Gott selbst ihnen Einhalt gebietet. „Fürchtet euch nicht vor denen, die den Leib töten, doch die Seele nicht töten können“, hat Jesus seinen Jüngern zugerufen (Matthäus 10,28). Seither gibt es eine Grenze für die Macht der Mächtigen auf dieser Welt. Seither ist es immer wieder geschehen, dass Christen gelassen in Leiden, Martyrium, Tod hineingegangen sind, weil sie wussten: Der Herr über den Tod ist auf meiner Seite.

Weitere Taufsprüche zum Thema Zuversicht:

Christus spricht: „Mir ist gegeben alle Gewalt im Himmel und auf Erden.“ (Matthäus 28,18)

„Meine Hilfe kommt vom Herrn, der Himmel und Erde gemacht hat.“ (Psalm 121,2)

„Fürchte dich nicht, denn ich habe dich erlöst; ich habe dich bei deinem Namen gerufen; du bist mein.“ (Jesaja 43,1)

„Gott ist unsre Zuversicht und Stärke, darum fürchten wir uns nicht.“ (Psalm 46,2-3)